JOHN ELIOT

CANZONI DEL VENERDÌ SERA

40 POESIE
CON TESTO INGLESE A FRONTE

A CURA DI ALESSIA CALABRESE,
SARA PALLANTE, ALESSANDRO PINTO,
MARIAGRAZIA POPPITI

MOSAÏQUEPRESS

First published in 2020

MOSAÏQUE PRESS
Registered office:
70 Priory Road
Kenilworth, Warwickshire
CV8 1LQ

Copyright (English) © John Eliot 2020
Copyright (Italian) © Alessia Calabrese, Sara Pallante,
Mariagrazia Poppiti, Alessandro Pinto 2020

The right of the copyright holders to be identified as the authors of this work has been asserted in accordance with Section 77 of the Copyright, Designs and Patents Act 1998.

Cover image: *The Battle of Love,* Paul Cezanne c. 1880
© The National Gallery of Art 2020
Cover design: Alessia Calabrese

All rights reserved. No part of this publication may be reproduced, stored in a retrieval system, or transmitted in any form or by any means, electronic, mechanical, photocopying, recording or otherwise, without the prior permission of the publisher.

ISBN 978-1-906852-55-9

Questa raccolta è dedicata
con profonda gratitudine
ai miei traduttori,
che qui sono anche autori.

Indice

- 6 Prefazione
- 11 Introduzione

PARTE I – traduzione di Sara Pallante
- 12 *Ssh*/Ssh
- 14 *Love Song*/Canto d'amore
- 16 *The Widow*/La vedova
- 20 *The Dancer*/La ballerina
- 22 *The Poetry of Bees*/La poesia delle api
- 24 *Sound of Grass*/Suono d'erba
- 26 *February 13th*/13 febbraio
- 28 *Three Lilies*/Tre gigli
- 30 *Thoughts of a Young Woman*/
  Pensieri di una giovane donna

PARTE II – traduzione di Alessandro Pinto
- 32 *A Lullaby*/Una Ninnananna
- 34 *In Memory*/In memoria
- 36 *Footprints*/Orme
- 38 *Heol y Cyw*/Heol y Cyw
- 40 *Private Delver Hathway 1881-1915*/
  Soldato semplice Delver Hathway 1881-1915
- 42 *Eating Ice-cream*/Mangiando gelato
- 44 *Full moon*/Luna piena
- 46 *Friday Night Song*/Canzone del venerdì sera

PARTE III – traduzione di Mariagrazia Poppiti
- 48 *Teenage*/Adolescenza
- 50 *Sincerely, for you*/Ti saluto; per te
- 52 *Sixty-Six*/Sessantasei

Indice

- 54 *Sunday Afternoon Mahler*/ Mahler della domenica pomeriggio
- 56 *She*/Lei
- 58 *Anne Neville*/Anne Neville
- 60 *The Eve of Execution: Thoughts of Lady Jane Grey*/ La vigilia dell'esecuzione: pensieri di Lady Jane Grey

PARTE IV – traduzione di Alessia Calabrese
- 62 *Listen*/Ascolta
- 64 *Pathway to Paradise*/Sentiero per il paradiso
- 66 *John 1*/John 1
- 68 *Crucifix*/Crocifisso
- 70 *The King of Thorns*/Il re di spine
- 72 *Resurrection*/Resurrezione
- 74 *Prime I*/Prima I
- 76 *Prime II*/Prima II

PARTE V – traduzione dei membri del gruppo
- 78 *Snowmen*/Pupazzi di neve
- 80 *Elizabeth I*/Elizabeth I
- 82 *Elizabeth II*/Elizabeth II
- 84 *Epitaph for an Artist*/Epitaffio per un artista
- 86 *A Friday Night Song*/Canzone di un venerdì sera
- 88 *Marianne*/Marianne
- 90 *I wait.*/Aspetto.
- 92 *Last words from the Grandchildren*/ Ultime parole dai nipoti

- 94 I traduttori
- 96 Appendice

Prefazione

di Carmine Giordano

Nella dedica e introduzione di questa nuova raccolta, il poeta John Eliot afferma che i traduttori siano anche autori, e che nel processo di traduzione del suo lavoro siano diventati non solo parte della poesia, ma anche parte di lui.

Dire che i traduttori sono anche autori è un'affermazione veritiera. Come Eliot sostiene, tradurre un'opera non è solo la ricerca di termini in un dizionario, ma anche la comprensione del senso profondo della poesia, che ne consente, in effetti, la trasposizione in un'altra lingua.

Il poeta e critico John Ciardi una volta scrisse che, dal momento che non è possibile tradurre parola per parola conservando la profondità intrinseca, le connotazioni e la potenza del testo: "ciò che il traduttore cerca è il miglior fallimento possibile".

Nella sua brillante analisi della poesia *Why Poetry*, il poeta americano Matthew Zapruder afferma che la scelta delle parole da parte di un poeta ha a che fare con "la risonanza di tutti i significati che la parola ha acquisito nel corso di migliaia di anni", e che l'orecchio del poeta non è solo in sintonia con la musica, ma anche con "il suono delle idee racchiuse nelle parole, la risonanza di echi etimologici, il nostro passato individuale e la memoria collettiva".

In questa raccolta, quattro studenti dell'Università degli Studi di Salerno hanno interpretato e ricreato l'espressione poetica di un autore di Leicester, trasformando i suoni brevi, monosillabici, neutrali, tipici della lingua inglese e le radici culturali e personali del poeta, in versi più vocalici, costruzioni polisillabiche che specificano il genere dei sostantivi, trasmettendo il calore e la passione tipici del sud Italia oltre ad echi storici che si contrappon-

Prefazione

gono alla tradizione germanica delle mummie di palude, le razzie vichinghe e le invasioni normanne.

John Eliot, ispirandosi a T.S. Eliot, suo celebre omonimo, impiega nelle sue poesie il correlativo oggettivo: espressioni, parole e frammenti di frasi che denotano oggetti, situazioni, catene di eventi, che contribuiscono a trasmettere o influenzare emozioni e stati d'animo. In questa raccolta, il ventaglio di emozioni abbraccia la nostalgia dell'amore adolescenziale, la rassegnazione all'invecchiamento, i rimpianti per gli amori mancati, la nostalgia di genitori e parenti, la vicinanza ai sovrani inglesi, alle sofferenze della prigionia e delle esecuzioni.

John Eliot ha affidato la traduzione delle sue poesie a quattro studenti magistrali dell'Università degli Studi di Salerno: Alessia Calabrese, Sara Pallante, Alessandro Pinto e Mariagrazia Poppiti, che in precedenza avevano tradotto alcune delle sue poesie per un evento del Festival "Salerno Letteratura", nell'estate del 2019.

Ogni lettore di questo volume si renderà conto di quanto questi traduttori siano in sintonia con le sfumature della sensibilità del poeta e di quanto superbamente abbiano catturato l'importanza delle sue poesie. Grazie alle loro competenze di letteratura e lingua inglese, sono stati in grado di completare con successo quest'opera di traduzione. Tuttavia, bisogna considerare che anche le proprie esperienze di vita, la sensibilità e le differenze tra le due lingue li hanno resi autori della raccolta, come afferma lo stesso John Eliot.

I traduttori sono essenzialmente diventati autori per il fatto che hanno usato una lingua, la propria, per rappresentare un lavoro che era stato ideato e scritto in un'altra. La loro autorialità viene più volte confermata nel testo grazie alle continue sostituzioni di parole non familiari, creando nuovi schemi metrici, cambiando la sintassi e perfino il senso di alcuni versi. Queste dinamiche sono frequenti nelle *Canzoni*.

PREFAZIONE

Durante la lettura delle traduzioni, ci si rende conto delle esperienze determinanti dell'autore nelle East Midlands, con gli estremi climatici e la brina, in contrapposizione a quelle delle ragazze e del ragazzo della Campania, con le pendici soleggiate della Costiera amalfitana.

Il contrasto si potrebbe trovare anche tra pasticci di maiale, patate al cartoccio, stufato di coniglio con limoni, olio di oliva, melanzane, castagne e mozzarella. I riferimenti della memoria esperienziale dell'autore differiscono necessariamente con quelli dei traduttori.

Alcune differenze sono individuabili nella scelta di tradurre *fizzy crisps* con "croccanti patatine". La sostituzione di questa frase trisillabica con una da sette sillabe, e l'utilizzo della vocale posteriore nella parola "patatine", contribuiscono a creare echi più latineggianti, romantici e sonori rispetto alla vocale frontale breve di *crisps*.

In un'altra poesia, mentre il poeta si lascia andare a un ricordo sensuale di un'estate francese, viene evocata l'immagine delle gambe della ragazza. A differenza dell'inglese *the tan of your legs*, la versione italiana "le tue gambe abbronzate" rende più efficacemente la sensazione di calore e sensualità.

Trasformando il verso *wings/skirting hedgerows, searching for warmth* in "ali/ che lambiscono in cerca di calore", il traduttore cambia la metrica e aggiunge allitterazioni e assonanze che non si trovano nell'originale.

In un'altra poesia, il senso di un verso cambia quando la richiesta nell'originale ad alcuni santi di ascoltare le supliche *as God would* (come farebbe Dio), viene trasformata in una supplica divina diretta e più potente: "Ascoltami... oh Dio".

Ancora, il fulmine, che viene descritto dall'autore con l'aggettivo *yellow forked* (biforcuto e giallo) acquisisce una connotazione

PREFAZIONE

visiva più immediata e dinamica con le espressioni "fulmini si biforcano gialli".

Contrariamente a ciò che afferma Ciardi, questa traduzione non è "il miglior fallimento possibile". La precedente collaborazione tra il poeta e i traduttori durante il workshop nel 2019, lo sforzo di comprensione, la ricerca di un linguaggio quanto più simile al testo originale e la scelta di soluzioni che rendessero comprensibile l'opera al pubblico italiano hanno reso i traduttori anche autori.

Per concludere, come riconosce John Eliot, questa raccolta è frutto di una meravigliosa collaborazione che mette in evidenza emozioni e sensibilità comuni attraverso le sfumature e le risonanze delle diverse culture, testimoniando allo stesso tempo le somiglianze e le differenze dell'esperienza umana.

CARMINE GIORDANO è un poeta, insegnante e studioso di Fulbright. È un collaboratore della rivista di poesie online *Abalone Moon* ed è autore di cinque raccolte poetiche. Per maggiori informazioni visitare *www.giordanopoems.com*.

(For the English version, please refer to the Appendix, page 96)

By the same author/Dello stesso autore

POETRY/POESIA
Ssh!
Don't Go
Turn on the Dark
Friday Night Songs

FICTION/FINZIONE
The Good Doctor

Introduzione

Nel giugno del 2019 sono stato invitato dal Festival di Salerno Letteratura a collaborare con alcuni studenti che hanno tradotto quattro mie poesie. Durante l'evento le poesie sono poi state lette in inglese da me e in italiano dagli studenti. Tutto ciò ha rappresentato l'esperienza più significativa della mia vita poetica. Ho imparato moltissimo su me stesso e sulla mia poesia.

Scrivo seriamente dalla prima adolescenza. Produrre poesia non è semplice. Proprio come imparare a suonare uno strumento musicale senza alcun talento, scrivere poesia è un'abilità. Ho pubblicato la mia prima raccolta solamente nel 2014, all'età di 61 anni. È stato un sogno diventato realtà. Da allora ho pubblicato quattro raccolte in inglese. Quest'anno ho pubblicato una raccolta in arabo e questa selezione in italiano.

Quando sono ritornato a casa in Francia non ho dimenticato Salerno, le belle persone incontrate, l'intera esperienza. Volevo continuare il progetto. Fortunatamente la casa editrice Mosaïque Press ha accettato di pubblicare la raccolta tradotta in italiano. L'opera ha necessitato di moltissimo lavoro, in modo particolare da parte dei traduttori. Ho appreso che tradurre non è una mera operazione di ricerca di parole nel dizionario ma significa comprendere concretamente ciò che dice la poesia. Sono diventati parte delle poesie, di me, John Eliot.

Ai miei traduttori, non potete neanche immaginare quanto apprezzi il lavoro che avete svolto per questa raccolta. Riconosco anche il supporto di Paola Fornari, Marco Navarra, Daria Limatola, la professoressa Barone e mia moglie, Jill Pope.

— ***John Eliot**, Francia, Giugno 2020*

PART 1

Ssh

Ssh
Listen
Sound of rain
Failing light
Train across rails
Steam effort
Far echoes
Silence
Ssh

1970-2014

PARTE I

Ssh

Ssh
Ascolta
Suono di pioggia
Luce morente
Treno sui binari
Sbuffo di vapore
Echi lontani
Silenzio
Ssh

PART 1

Love Song

I ate three soft peaches
for lunch, with cream. They
were overripe. I cannot remember
Prufrock's opening lines;
song of my youth, birth
of modern poetry.

People are dead to what
they will not understand.
Etherised.
I hear a reflection
calling my name:

*If you are going to give me
immortality, why
refuse me?* Because I
cannot but try
to overcome your piercing blue eyes
which make poets lyrical.

Door to bright silence:
the gap beneath
is death and birth.

2015

PARTE I

Canto d'amore

Ho mangiato tre pesche
per pranzo, con panna. Erano
troppo mature. Non ricordo
i primi versi di Prufrock;
canto della mia gioventù, nascita
della poesia moderna.

La gente, come morta
non si cura di comprendere.
Eterizzata.
Sento un riverbero
che mi chiama:

Se hai intenzione di darmi
l'immortalità, perché
mi rifiuti? Perché non posso
fare altro che provare
a sostenere i tuoi penetranti occhi azzurri
che rendono lirici i poeti.

Porta per un silenzio splendente
la fessura al di sotto
è morte e vita.

PART 1

The Widow

Strange
we heard a gunshot
almost at half past eight
this morning
echoing the evening
when Marc fired
blowing his brains amongst the flowers
feeding them his last thoughts.

Watching you then
wander your empty house
shutters drawn shielding
cold dark winter.

Holding the gun
there was only one action
lift it to the chin
repeat and repeat
like a piece of music that sticks
and will never end.

Outside the silence
blackness before dawn
hearing you tread
walking as you will always walk
soft tread of the dead
painful, slow
crossing the field
carrying the rifle.

You know the way
in this blackness
without the moon or stars.

You cannot fall.

PARTE I

La vedova

Strano
un colpo di fucile
quasi alle otto e mezza
questa mattina
eco della sera
in cui Marc sparò
facendosi esplodere il cervello tra i fiori
nutrendoli con i suoi ultimi pensieri.

Guardandoti allora
vagare nella tua casa vuota
persiane serrate a proteggerti
dal freddo e oscuro inverno.

Stringevi il fucile
c'era solo una cosa da fare
sollevarlo fino al mento
ripetere e ripetere
come una musica che resta
e non finisce mai.

Fuori il silenzio
oscurità prima dell'alba
ti sento camminare
come sempre camminerai
il passo leggero dei morti
doloroso, lento
attraversi il campo
portando il fucile.

Conosci la strada
in questa oscurità
senza luna né stelle.

Non puoi cadere.

PART 1

Listen,
the horse moves.
She hears your steps.

And we all turn in our beds
hearing the single shot thunder
without lightning or storm or rain.
We wait again
for you, to break the silence.

We arrived early dawn.
Mist hung over the valley;
a spirit never leaving.

The colour for a moment
was only as God

could capture
as if the sun
would never rise.

Hanging
beneath grey clouds
lightning and then

heavy leaden
rain finally fell.

Listening we could hear an echo
of gunshot.

There was no one there
to pull the trigger.

The hunters lay in their beds.
Guns hung on the wall.
And the dead remain dead.

2013

Parte I

Ascolta,
il cavallo si muove.
Sente i tuoi passi.

E ci giriamo nei letti
sentendo il tuono dello sparo
senza lampo, tempesta o pioggia.
Aspettiamo di nuovo
che tu rompa il silenzio.

Arrivammo ai primi albori.
La nebbia sospesa sulla valle;
uno spirito che non va mai via.

Per un momento ci fu
un colore che solo Dio

avrebbe potuto creare
come se il sole
non potesse mai sorgere.

Appesi
sotto nuvole grigie
lampi e poi

una pesante e plumbea
pioggia finalmente cadde.

Ascoltando si percepiva l'eco
di un colpo di fucile.

Non c'era nessuno
a premere il grilletto.

I cacciatori dormono nei loro letti.
Fucili appesi al muro.
E i morti rimangono morti.

PART 1

The Dancer

perhaps the artist
sees herself
as a lover might
tearing
figure from soul
stretching upon a canvas

there to dance
ceaselessly
staring in red hues
at the figure
in the exhibition
come to watch

'isn't that,' the watcher
speaks,
a head turns looking
and back
at the painting
'the model?'

coeternal
dancing with the artist

2011

Parte I

La ballerina

forse l'artista
la vede
come farebbe un amante
strappando via
la figura dall'anima
stendendola su una tela

lì a danzare
senza sosta
fissando in toni rossi
la figura
nella mostra
venuta ad osservare

'ma quella non è', l'osservatore
dice,
una testa si volta
e poi torna a guardare
il dipinto
'la modella?'

danza
coeterna con l'artista

PART 1

The Poetry of Bees

whispering poetry to bees
sung drone in return
scented blossomed air
threads of words
describing music
ommatidia reflect sunlight
wings in full flight
as barbs of the insect
terrify the poet
to creation

2010

PARTE I

La poesia delle api

sussurro poesia alle api
ronzio melodioso di rimando
aria profumata di fiori
fili di parole
descrivono la musica
ommatidi riflettono la luce
ali in pieno volo
mentre gli aculei dell'insetto
spaventano il poeta
fino alla creazione

PART 1

Sound of Grass

I believed we'd been waiting
for the rain:
yellow parched
St Augustine grass.

I could hear stalks
swallow fresh water,
gift from the sky.
To the sound of grass
he was deaf, he said,
tuneless as an old gong.

We no longer
listen to the same song.
Understanding grass
and Philip Glass
is the sound of madness.

The moment was disturbed.
The magic broken,
love lost
and the rain ceased.

2016

Suono d'erba

Credevo stessimo aspettando
la pioggia:
erba del prato
gialla ed arsa.

Sentivo gli steli
inghiottire acqua fresca,
dono dal cielo.
Era sordo
al suono dell'erba, disse lui,
stonato come un vecchio gong.

Non ascoltiamo più
la stessa canzone.
Capire i fili d'erba
e Philip Glass
è il suono della follia.

Il momento fu interrotto.
L'incantesimo spezzato,
l'amore perso
e la pioggia cessò.

PART 1

February 13th

Early butterfly of Spring shows
delicate yellow, close to the day;
eve of love's martyrdom. Valentine.
At least, that is what I would like to say,
not the vivid bright sulphur brimstone wings
skirting hedgerows, searching for warmth
as cold scarred sun shines from frosted sky.

2019

PARTE I

13 febbraio

Prematura farfalla di primavera
giallo tenue, simile al giorno;
vigilia del martire dell'amore. Valentino.
Almeno questo è quello che vorrei dire,
non ali di un giallo sulfureo vivido e acceso
che lambiscono siepi in cerca di calore
mentre un sole freddo e ferito brilla nel cielo ghiacciato.

Part 1

Three Lilies

Who is that passing
resting on the arm of love?
Hear a voice.

"Come away
winter has gone; the rain has passed."

"Three lilies sing as a choir;
lilies of the field dressed in white and gold. Remember?
We heard them."

"Now they are silent.
Still as wheat without a breeze."

"Leave the lilies.
It's not about present
But future.
That is where you find poetry,
poetry of song.
Bird of grey dawn sing to us.
Love, strong as death.
Anger, fierce as the grave.

We will hear them again."

2018

Tre gigli

Chi è che passa
riposando tra le braccia dell'amore?
Sento una voce.

"Vieni via
L'inverno è finito; la pioggia passata."

"Tre gigli cantano in coro;
gigli di campo vestiti d'oro e bianco. Ricordi?
Li avevamo sentiti."

"Ora sono muti.
Immobili come grano senza vento."

"Dimentica i gigli.
Non è il presente
ma il futuro a contare.
Lì è dove trovi poesia,
poesia di canti.
Uccello dell'alba canta per noi.
L'amore, forte come la morte.
La rabbia, tenace come gli inferi.

Li udiremo di nuovo."

Part 1

Thoughts of a Young Woman

St Mary and St Severus
watch over me;
lonely in this square
Cathedral majesty of silence?
I hear your voices,
St Severus and St Mary

wise and foolish Virgin,
who am I? Tomb of the bigamist
by his side wives lie.

Ring bells, Gloriosa,
Queen of toll;
I shout my reply,
None shall listen to my soul.

Taken, abandoned, desolate, in four walls;
alone with the crowd, named insane.
Hear me, where I stand,
as God would, a grain of sand.

2016

Parte I

Pensieri di una giovane donna

Santa Maria e San Severo
vegliano su di me;
sola in questa piazza
splendida cattedrale di silenzio?
Ma sento le vostre voci,
San Severo e Santa Maria

Saggia e folle Vergine,
chi sono io? Tomba di bigamia
al suo fianco giacciono mogli.

Suona le campane, Gloriosa,
Regina del tributo;
Grido la mia risposta,
Nessuno ascolterà la mia anima.

Presa, abbandonata, desolata, tra quattro mura;
sola tra la folla, chiamata pazza.
Ascoltami, qui dove sono,
oh Dio, a cui è caro ogni granello di sabbia.

Part 2

A Lullaby

Even at three and a half
I recognised
Brahms' Lullaby
as a song of death
hearing the minor key
playing at my funeral;

with my mother
in front of the old wooden wireless,
fixed up by my Father,
in the empty house
waiting for his return

I tried to love
the pathos.
She sought ways to pass time
with the foetus.
Unwanted mistake
uniquely created for abortion

never to see daylight,
a glow, sunrise,
red streaks, sunset,
white canvas to paint
pale yellow moon.

Her brain pitched
in turmoil
knowing only darkness,
grave blackness
buried in this earth.
As a flower,
she will not grow.

2016

PARTE II

Una Ninnananna

Anche alle tre e mezza
riconobbi
nella Ninnananna di Brahms
un canto di morte
udendo la chiave minore
suonare al mio funerale;

con mia madre
di fronte alla vecchia radio di legno,
installata da mio Padre,
nella casa vuota
aspettando il suo ritorno

provai ad amare
il pathos.
Lei cercava modi per passare il tempo
con il feto.
Errore indesiderato
unicamente creato per l'aborto

mai destinato a vedere la luce,
un bagliore, l'alba,
striature rosse, il tramonto,
tele bianche da dipingere
gialla e pallida luna.

Il suo cervello scattò
in tumulto
sentendo solo oscurità,
buio della tomba
sepolta in questa terra.
Come un fiore,
lei non crescerà.

Part 2

In Memory

Bradgate Moor where
Jane lay slain
grey ashes remain
still, lingering as the wind
blows on the empty hill.
Unmoving the spirit
of my Father

watches sun rise moon set
birth and death.

Beheaded trees
no branches to reach
green leaves, flowers sigh.
The spirit lingers still.

We climb these rocks
carrying death in an urn;
our burden. Scattering ashes;
Mother, in peace.

2015

Parte II

In memoria

Bradgate Moor dove
Jane giace morta
grigie ceneri rimangono
ancora, resistono al vento
che soffia sulla collina vuota.
Immobile lo spirito
di mio Padre

guarda il sole sorgere e la luna calare
nascita e morte.

Alberi decapitati
nessun ramo da raggiungere
foglie verdi, fiori sospirano.
Lo spirito resiste ancora.

Scaliamo queste rocce
portando la morte in un'urna;
il nostro peso. Spargendo ceneri;
Madre, in pace.

Part 2

Footprints

Today is your birthday,
a few months since
we lit candles
leaving your ashes
congealed on the sodden hill.

Our anoraks
rejecting rain,
we pretended the occasion,
passed round a flask of coffee;
fizzy crisps.

To Mother, we shouted,
feebly singing into the wind
where, like yesterday's footprints,
our song was lost.

28th July 2015

PARTE II

Orme

Oggi è il tuo compleanno,
qualche mese da quando
accendemmo candele
lasciando le tue ceneri
rapprese sulla collina zuppa.

I nostri anorak
respingevano la pioggia,
simulando la tua festa,
ci passammo del caffè;
croccanti patatine.

Per Mamma, gridammo,
flebili cantando nel vento
dove, come le orme di ieri,
il nostro canto si perse.

PART 2

Heol y Cyw

Did I expect to meet
Father walking the street
Man and Boy
crossing paths
looking for remains
on the earth

as I walk deserted avenues
searching for you

in a Cardiff square
listening to Mr Humphries
Morning has Broken
a favourite song

I knew you'd departed
this village long ago

and striking out
into the country
beneath an arch of trees
the falcon soared
leaving your Spirit to me

2015

Heol y Cyw

Mi sarei mai aspettato di incontrare
Papà camminando per strada
Uomo e Ragazzo
incrociando sentieri
cercando resti
sulla terra

mentre cammino per viali deserti
cercandoti

in una piazza di Cardiff
ascolto Morning has Broken
del signor Humphries
una canzone preferita

sapevo che avevi lasciato
questo villaggio tempo fa

e addentrandosi
nella campagna
sotto un arco d'alberi
il falco spiccò il volo
lasciandomi il tuo Spirito

PART 2

Private Delver Hathway 1881-1915
(In memory of my great-uncle)

Elysium dissolves
with the harvest of youth; August to September
summer mellows, and on an autumn day I lie as I die
in a chalk pit. I will not remember
September 28th 1915
death's moment; unholy joy, my heaven.

Hell is life stolen from the young.
Hell is those left behind.

Scorn for a ceramic poppy;
as my spirit marches these fields of Loos.

2015

PARTE II

Soldato semplice Delver Hathway 1881-1915
(in memoria del mio prozio)

L'Elisio si dissolve
con il raccolto della gioventù; da agosto a settembre
l'estate matura, e in un giorno d'autunno io mento mentre muoio
in una cava di gesso. Non ricorderò
il 28 settembre 1915
il momento della morte; gioia empia, mio paradiso.

L'inferno è la vita rubata ai giovani.
L'inferno è chi viene lasciato indietro.

Disprezzo per un papavero di ceramica;
mentre il mio spirito marcia per questi campi di Loos.

Part 2

Eating Ice-cream
(For Lilwen)

A memory to grasp
like holding on
a cloud of pollen;
look at my fingers
and then it is gone.

Eating ice-cream with Grandpa on Clifton Street.

A bench. We sat
as I ate my white cone.
I heard a lady say,
hauling a bag of shopping to her knee,
"You are mad,
taking blossom from a tree."

She wore a blue dress,
tight round the middle.

Earlier in the park, by the swings,
blowing dandelions
Grandpa and me.

"Watch. I'll tell you the time.
One o'clock, two o'clock. Then three.
Mummy will be home soon."

A memory to grasp
like holding on
a cloud of pollen;
look at my fingers
and then it is gone.

2015

PARTE II

Mangiando gelato
(per Lilwen)

Un ricordo da cogliere
come aggrapparsi
a una nuvola di polline;
guardo le dita
ed è scomparso

Mangio gelato con Nonno a Clifton Street.

Una panchina. Ci sedemmo
mentre mangiavo il cono bianco.
Sentii una signora dire,
trascinando una borsa della spesa alle ginocchia,
"Sei matto
a prendere un bocciolo da un albero."

Indossava un vestito blu,
stretto in vita.

Prima nel parco, vicino alle altalene,
soffiavamo denti di leone
Nonno e io.

"Guarda. Ti dico l'ora.
L'una in punto, le due in punto. Poi le tre.
Mammina sarà a casa presto."

Un ricordo da cogliere
come aggrapparsi
a una nuvola di polline;
guardo le dita
ed è scomparso.

PART 2

Full Moon

The moon is full
and red
again tonight.

Do you remember?

Probably not.
You don't recollect a book or a film.

But I think of you silly
standing barking at the door
saying
'I'm always this way
Full moon
Full moon
and tonight's it's red'

The dog is insane.

It must be a reflection of the sunset.
A bit like you and I caught one another.

2005

Parte II

Luna piena

La luna è piena
e rossa
stanotte ancora.

Ti ricordi?

Probabilmente no.
Non ricordi un libro o un film.

Ma io ti credo sciocca
urlando sulla porta
e dicendo
"Sono sempre così
Luna piena
Luna piena
E stanotte è rossa"

Il cane è pazzo.

Dev'essere un riflesso del tramonto.
Un po' come io e te ci siamo trovati.

PART 2

Friday Night Song

it's a Friday night
1970 I lay with
a bottle of Guinness
and a beautiful boy
now at 52
I am left with the vicar

the Beatles and the Amsterdam Hilton
how I love those words

Amsterdam Hilton

my daughter in
the room next door

she can't hear the noises of the street
(silence in sex)
that I once listened to

with her boy
she can
only hear the Beatles

2005

Parte II

Canzone del venerdì sera

è venerdì sera
1970 sono disteso con
una bottiglia di Guinness
e un bel ragazzo
ora a 52 anni
mi rimane il prete

i Beatles e l'Hilton di Amsterdam
quanto mi piacciono quelle parole

l'Hilton di Amsterdam

mia figlia nella
stanza accanto

non sente i rumori della strada
(il silenzio nel sesso)
che una volta ascoltai

col suo ragazzo
lei
sente solo i Beatles

PART 3

Teenage
Things always end before they start – LOU REED

A singular memory
stays seated
on the bus.

The driver to our
right.

Did he watch the road,
or us,
as we clung
one last time

the journey
Dover to London.

I do not remember your name.
No memory of your face.
Only the tan of your legs
from the French summer sun,
forever remains.

2015

Parte III

Adolescenza
Le cose finiscono sempre prima di iniziare – Lou Reed

Un unico ricordo
rimane seduto
sul bus.

L'autista alla nostra
destra.

Guardava la strada,
o noi,
mentre restavamo avvinghiati
un'ultima volta

il viaggio
da Dover a Londra.

Non ricordo il tuo nome.
Né ho ricordo del tuo viso.
Solo le tue gambe abbronzate
dal sole estivo francese
rimangono per sempre.

Part 3

Sincerely, for you

four in the morning
old vinyl cracks
first tea
of many

won't wake
blackness before dawn
I hear breath
magenta against azure ice

2019

Parte III

Ti saluto; per te

quattro del mattino
crepitii di vecchi vinili
primo
di molti tè

non la sveglierà
oscurità prima dell'alba
sento il respiro
magenta contro ghiaccio azzurro.

PART 3

Sixty-Six

I am sixty-six and
you sleep in my arms,
after passion blazed
fire of thorns
dissolving sorrow
for we were teens,
first love.
Will you wake
satisfied to lie
beside an old man?

2019

Parte III

Sessantasei

Ho sessantasei anni e
tu dormi tra le mie braccia,
dopo che la passione accese
un fuoco di spine
che dissolveva il dolore
poiché eravamo adolescenti,
primo amore.
Ti sveglierai
soddisfatta di giacere
accanto a un vecchio?

Sunday Afternoon Mahler

Venice and
we could have died joint suicide
1973:
the memory of her
lost in my arms
hair black and unbrushed
sleeping after love.

So long ago
long ago from cacophony
she sang the fifth Adagietto
like the beauty of the morning bird
flying to the nearest cloud.

2017

Parte III

Mahler della domenica pomeriggio

Venezia e
saremmo potuti morire, suicidio congiunto
1973:
il ricordo di lei
persa tra le mie braccia
capelli neri e spettinati
che dorme dopo l'amore.

Tanto tempo fa
molto tempo fa dalla cacofonia
cantò il quinto Adagietto
come la bellezza dell'uccello mattutino
che vola verso la nuvola più vicina.

Part 3

She

Eyes
stark as a flower's
purple iris

stare at the beholder.
The iris knows my name
knows my mind.

Knocks at my door
all night long
gifting me her perfume.

Just if she did,
if she did just that.

Don't sit at my mirror
conspiring with your hair
leading me to temptation.

My naked iris.

2017

Parte III

Lei

Occhi
severi come l'iride viola
di un fiore

fissano lo spettatore.
L'iris conosce il mio nome
conosce la mia mente.

Bussa alla mia porta
per tutta la notte
regalandomi il suo profumo.

Se solo lo facesse,
se lo facesse e basta.

Non sedere davanti allo specchio
cospirando con i tuoi capelli
portandomi alla tentazione.

La mia nuda iris.

Part 3

Anne Neville

Mourning in our separate silences
still in the Cathedral of Angers
I hear the spirit of Anne Neville
walking away from something
upon nothing.

On the sound of midnight
I stand at the church door
listening for your voice,
before the car crosses
empty expanses of countryside
to warmth, red flames
and the finding of hidden mists.

2015

Parte III

Anne Neville

Lutto nei nostri separati silenzi
ancora nella Cattedrale di Angers
sento lo spirito di Anne Neville
che si allontana da qualcosa
verso il nulla.

Al rintocco della mezzanotte
mi ritrovo alla porta della chiesa
ad ascoltare la tua voce,
prima che l'auto attraversi
vuote distese di campagna
verso il calore, rosse fiamme
e la scoperta di foschie nascoste.

PART 3

The Eve of Execution:
Thoughts of Lady Jane Grey
(For Lady Jane Grey)

Stars stand still;
shine daytime. Let me
fly blue sky as white swans
leave feathers burning.
Let me lie on the hillside,
ask the grass,
"Where do you leave your scent?"
Let me become one with
flight as a night creature
hidden within the ghost.
Stones of history.
Grey and empty.

2016

Parte III

La vigilia dell'esecuzione: pensieri di Lady Jane Grey
(Per Lady Jane Grey)

Le stelle restano ferme;
il giorno risplende. Lasciami
volare nel cielo blu, come i cigni bianchi
lasciano le piume che bruciano.
Lasciami giacere sulla collina,
chiedi all'erba:
"Dove lasci il tuo profumo?"
Lasciami diventare un tutt'uno con
il volo, come una creatura notturna
nascosta dentro un fantasma.
Pietre di storia.
Grigie e vuote.

PART 4

Listen

We waited for rain
from red yellow
vault, losing its lights,
as arid sun
rose over horizon.
We were in heaven;
stillness before sound of angels against the pane:
celestial bells.

2017

Parte IV

Ascolta

Aspettammo la pioggia
da una volta rossastra
che pian piano scuriva
mentre un arido sole
si levava all'orizzonte.
Eravamo in paradiso;
quiete prima del canto di angeli contro il vetro:
campane celestiali.

Part 4

Pathway to Paradise

I stand at the door of heaven;
grey, grey sky giving yellow grass
water I hear it roll over the river
rocks echoing rumble of thunder.
Yellow forked lightning; a shout
rings clear, 'pathway to paradise'.

2019

PARTE IV

Sentiero per il paradiso

Sono alla porta del paradiso;
un cielo grigio piombo bagna l'erba gialla
lo sento infrangersi sul fiume
sassi che riecheggiano il rombo dei tuoni.
Fulmini si biforcano gialli; un grido
risuona forte, 'sentiero per il paradiso'.

PART 4

John 1

From the sky
hung a man.
In my glass I saw Him
reflected, outstretched,
cruciform wood. His face
the agony of life. And light
swept down from the heavens

before darkness
before beginning was made the end
before the Word.

2015

PARTE IV

John I

Dal cielo
era appeso un uomo.
Dalla finestra Lo vidi
riflesso, disteso,
legno cruciforme. Il Suo viso
l'agonia della vita. E la luce
spazzata giù dall'alto dei cieli

prima dell'oscurità
prima dell'inizio fu creata la fine
prima del Verbo.

Crucifix

Out of wood
a Biblical carpenter
works a cross
for the congregate
in cavernous spaces
genuflecting as their murmurs
sound within the building
invocating deity's death
forgetting the forest.

Humbled before the tree
I kiss the roots,
touch the wound of the axe,
where sap flows
to outstretched limbs;
leaves reaching
with promise of eternal life
after death of Man.

2015

Crocifisso

Con il legno
un falegname Biblico
fa una croce
per la congrega
in antri cavernosi
e si genuflette mentre i sussurri
risuonano nell'edificio
invocando la morte della divinità
dimenticando la foresta.

Umiliato al cospetto dell'albero
bacio le radici,
tocco la ferita dell'ascia,
lì dove scorre la linfa
verso i rami distesi;
foglie che si stagliano
con la promessa di vita eterna
dopo la morte dell'Uomo.

PART 4

The King of Thorns

for the burden is heavy
burnt by fire, a barren road
where no flowers glow
he carries his cross this

brutal sacrificial lamb
as miracles die
forgive them for
this empty tomb
dull bleak dusk
against grey sky

I never knew him
a stranger walks
on this dry earth

and paths can be
a rocky skin
from heaven where
silent yellow lightning

forks the lizard eyes
mock the man
wrapped in brown

dry thunder cracks

This is

2012

Parte IV

Il re di spine

il fardello è pesante,
arsa dal fuoco, un'arida via
dove non splendono fiori
lui sorregge la sua croce, questo

crudele agnello sacrificale,
mentre muoiono i miracoli
perdonali per
questa tomba vuota
crepuscolo sbiadito e tetro
contro un cielo grigio

Io non conobbi mai
lo straniero che cammina
su questa terra secca

e il cammino può essere
una pelle rocciosa
dal paradiso dove
un fulmine silenzioso e giallo

si biforca, occhi di lucertola,
ridendo dell'uomo
dalla tunica marrone

sordo rombo di tuono

Questo è

Part 4

Resurrection

Wet, like rain on footsteps, footprints
against arid sand where
blood has not breathed for the length of universe
at world's edge;
creation has died, waiting
for the spirit to speak: "Let there be"
there was light and with the light came
the above and below
firmament
and earth
clouds gathered
water cascaded.
From the clay rose resurrected and felt
wet, like rain on footsteps.

2018

PARTE IV

Resurrezione

Umide, come pioggia sui passi, le orme
contro l'arida sabbia dove
il sangue non ha respirato sin dall'origine dell'universo
ai confini del mondo;
la creazione è morta, aspettando
che lo spirito dicesse: "Che sia"
e prima fu la luce e con la luce furono
ciò che è sopra e ciò che è sotto
firmamento
e terra
nuvole ammassate
acqua in cascate.
Dall'argilla si levò risorto e si sentì
umido, come pioggia sui passi.

Part 4

Prime I

Silence rewinds, watch time
as stars blacken the frame
exiting, fading before break of day.
Wait, words to end the world.
Mouth, meditation, my heart
accept the night, take this hour.
Where are streaks of red
this grey clouded dawn? Mist covers the valley.
Hear me.

Hear my cry for the burden I carry.
Bush of thorns, I wait in your shadow
search for your fruit.
Satisfy my hunger, one purple berry.
Satisfy my thirst flesh for juice;
blood breaking, gifting freedom
exiting eternal wheel of death. I wait.
A whisper, only a whisper.

A warm blush of breeze
passes quickly. Let it sleep
fade and watch slowly
as sweet nectar
from a swarm of bees
gone, breath and life.
Memory sings. Melody without key.
Sorrow, a leaf fallen from trees.
Footprints vanished from sight
as birdsong echoes in the night.

2017-2018

PARTE IV

Prima I

Il silenzio si riavvolge, osserva il tempo
mentre le stelle oscurano la cornice celeste
e vanno via, svanendo prima dell'aurora.
Aspetta parole con cui finire il mondo.
Bocca, meditazione, il mio cuore
accoglie la notte, fa sua quest'ora.
Dove sono le venature rosse
in quest'alba grigia di nuvole? La foschia avvolge la valle.
Ascoltami.

Senti il mio pianto per il fardello che porto.
Cespuglio di rovi, aspetto nella tua ombra
cercando il tuo frutto.
Placa la mia fame, una bacca viola.
Calma la mia carne assetata di succo;
sangue scorre, donando libertà
fuoriuscendo dall'eterna ruota della morte. Aspetto.
Un sussurro, solo un sussurro.

Un tiepido arrossire di brezza
passa veloce. Lascialo dormire,
svanire e guarda lentamente
il dolce nettare
di uno sciame d'api
volate via, respirare e vivere.
La memoria canta. Melodia muta.
Dolore, una foglia caduta dagli alberi.
Impronte svanite alla vista
come il cinguettio degli uccelli che riecheggia nella notte.

PART 4

Prime II

Morning tolls
seven minutes past seven bells

with red sun swiftly risen.
Soundtrack to daybreak

over lush green fields
staring without blindness,

strength of white campion:
heaven's star of dawn.

2018

Parte IV

Prima II

Rintocchi al mattino
sette minuti dopo sette campane

con un sole rosso levatosi rapido
Colonna sonora dell'alba

su campi rigogliosi di verde
fissando senza cecità,

la forza della bianca silene:
la stella celestiale dell'alba.

Part 5

Snowmen
(In memory of Marko)

A dying friend gave me
his sketch
of snowmen.

Roughly hewn,
speedily drawn.
Flawless.

Six figures:
blue top hats, yellow scarves, orange noses,
stand against an eternity of white.

Fearfully they shout,
Don't throw us to the stars,
waiting the fate of the morning sun.

Go gentle into that sunrise.

2015

Pupazzi di neve
(In memoria di Marko)

Un amico morente mi diede
il suo schizzo
di pupazzi di neve.

Appena abbozzati,
disegnati velocemente.
Impeccabili.

Sei figure:
cilindri blu, sciarpe gialle, nasi arancioni,
contro un'eternità di bianco.

Timorosi urlano,
Non lanciarci alle stelle,
aspettando il fato del sole mattutino.

Va' docile in quell'alba.

(Traduzione di Alessandro Pinto)

Part 5

Elizabeth I

The stillness behind the shutter
shows sunrise of orange crimson angel.
There on the white wall for a moment;
brief rest and then
slip away, to find peace.

In silence, in arc of the sky
where there is an emptiness
so full of you.

All that you were. All that you are.
At your going out and coming in.

2019

Elizabeth I

L'immobilità dietro la serranda
l'alba di un angelo arancio cremisi appare.
Lì sul muro bianco per un momento;
un breve riposo e poi
scivola via, per trovare la pace.

In silenzio, nella volta celeste
dove c'è un vuoto
così pieno di te

Tutto ciò che eri. Tutto ciò che sei.
Al tuo andare via e ritornare.

(Traduzione di Mariagrazia Poppiti)

Part 5

Elizabeth II

We sleep with a candle;
dark flickering flame.
The cherry tree loses
fading grey blossom;
final rebirth of Spring.
Disappointment of dawn.

We watched darkness glow
as furious grey clouds blew over the moon. Listen;
vocal music flight of birds
against the wind write
lit by thinness of moon, appearing to drift against four o'clock
primal brown sky. Clouds heavy with their load
waiting for pitiless mourn of rainfall.

We walked, hand in hand
dewed soles
feeling the breeze, breath of living, wistful to leave
as in paradise where eternity waits
for eternity. Here at my side you lay;
and I let you go.

2018-2019

Parte V

Elizabeth II

Dormiamo con una candela;
fiamma scura e tremolante.
Il ciliegio perde
boccioli grigio sbiadito;
ultima rinascita della Primavera.
Delusione dell'alba.

Guardammo l'oscurità brillare
mentre furiose nuvole grigie avvolgevano la luna. Ascolta;
musica vocale, volo di uccelli
contro il vento scrive
illuminato dalla fioca luna, che si dissolve contro il cielo bruno
primordiale delle quattro. Pesanti nuvole con il loro carico
aspettano il lutto spietato delle piogge.

Camminammo mano nella mano
suole intrise di rugiada
sentendo la brezza, alito di vita, malinconici di lasciarci
poiché in paradiso l'eternità attende
l'eternità. Qui, giaci al mio fianco;
e ti lascio andare.

(Traduzione di Mariagrazia Poppiti)

Part 5

Epitaph for an Artist
(In memory of Ahmed)

Twenty years since,
we sat drinking
red grape of the vine.
My health;
yours too.

French country garden,
wild, overgrown, hidden;
home of a relentless artist.
With wonder,
I breathed in paintings;
your very existence.

Last night, we sat again, santé.
Raised glasses,
Grandchildren, our rebirth.
Santé. One of us is dying.
Not me;
am I glad it is not to be.

My blood is red,
yours is brown.
Next Spring feeding flowers,
in a neat graveyard ground.

2015

Epitaffio per un artista
(In memoria di Ahmed)

Vent'anni da allora
ci sedemmo a bere
uva rossa della vite.
Alla mia salute;
alla tua.

Giardino della campagna francese,
selvaggio, incolto, celato,
casa di un artista insaziabile
Con meraviglia,
respiravo i dipinti;
la tua stessa esistenza.

L'ultima notte, ci sedemmo di nuovo, santé.
Calici levati,
Nipoti, la nostra rinascita.
Santé. Uno di noi sta per morire.
Non io;
sono felice di non essere io.

Il mio sangue è rosso,
il tuo è marrone.
La prossima Primavera nutrirà i fiori,
in un bel cimitero.

(Traduzione di Sara Pallante, Alessandro Pinto,
Mariagrazia Poppiti)

PART 5

A Friday Night Song

Too early
for your death
this cold dark dawn.
I am alone but for Friday night songs
and lost passion. Your voice,
sing me in this empty house;
whistling life away
to the final notes.

Softly as in morning sunrise

cold morning light
after deep night.
I'll never know but
remembering you leaving,
silent as light disappearing,
suicide of sunset.

2016

Parte V

Canzone di un venerdì sera

Troppo presto
per la tua morte
in quest'alba fredda e scura.
Sarei solo se non fosse per le canzoni del venerdì sera
e le passioni ormai perdute. La tua voce
canta per me in questa casa vuota;
fischiettando via la vita
fino alle ultime note.

Delicatamente come al sorgere del sole

luce fredda del mattino
dopo una notte profonda.
Non saprò mai nulla se non
ricordarti andare via
in silenzio come la luce che svanisce
nel suicidio del tramonto.

(Traduzione di Alessia Calabrese)

PART 5

Marianne

Without her there
would not have been the song.
Marianne wrote the words.

She was the Indian cotton
and patchouli
empty bedsits where

I still listen
for your step on the stair.
How many poems today

from lovers as old
and sad as me
end as you with the words

so long?

28 July 2016

Marianne

Senza di lei
non ci sarebbe stata la canzone.
Marianne ne scrisse le parole.

Lei era cotone indiano
e patchouli
stanze vuote dove

ancora cerco di sentire
i tuoi passi sulle scale.
Oggi quante poesie

di amanti vecchi
e tristi come me
finiscono con la parola

addio?

(Traduzione di Alessia Calabrese, Michela Cinotti,
Maria Chiara Corso)

PART 5

I wait.

Silent. They say
fear is courage;
weakness is strength.
I do not want to hear
I do not want to be heard
For what is paschal?
Understanding? We wait centuries for understanding.
Faith, blind faith perhaps, is easy,
Easy contemplation of spirit;
Peace that knows no evening.

2019

Parte V

Aspetto.

In silenzio. Si dice
che la paura sia coraggio;
la debolezza è forza.
Io non voglio sentire
Io non voglio essere sentito
Che cos'è la Pasqua?
Comprensione? Aspettiamo secoli per comprensione.
Fede, la cieca fede forse, è semplice,
Semplice contemplazione dello spirito;
Pace che non conosce sera.

(Traduzione di Alessia Calabrese)

Part 5

Last Words from the Grandchildren

Imagine riding on the sun.
Travel speed of light. As day ends
turn on the dark;
watch the trees peel apart.

2018

PARTE V

Ultime parole dai nipoti

Immagina di cavalcare il sole.
Alla velocità della luce. Mentre il giorno si spegne
Accendi il buio;
guarda gli alberi dividersi in pezzi.

(Traduzione di Sara Pallante)

TRANSLATORS

ALESSIA CALABRESE nasce a Salerno nel 1995. Prima di due figli, mostra sin da bambina una predilezione per le lingue, influenzata dalla musica e dal cinema. Diplomatasi nel 2014, presso il Liceo Classico F. De Sanctis, si iscrive al corso di studi in Lingue e Culture Straniere dell'Università degli Studi di Salerno, studiando precisamente inglese e tedesco. Nel 2016 si trasferisce in Germania per studiare presso Universität Paderborn grazie al programma Erasmus+ e nel 2018 si laurea in lingua inglese con una tesi sulla traduzione del nonsense in Lewis Carroll. Attualmente sta concludendo il percorso di laurea magistrale in Linguistica e Didattica delle Lingue presso l'Università degli Studi di Salerno, partecipando a diversi progetti di traduzione, tra i quali la rassegna "Poeti d'Europa" della VII edizione del Festival "Salerno Letteratura" nel giugno del 2019.

SARA PALLANTE nasce ad Atripalda, Avellino, nel 1995. Dimostra fin da piccola un grande interesse per la musica, l'arte visiva, la letteratura e le lingue straniere. Si diploma nel 2014, presso l'ISS Luigi Vanvitelli e si iscrive successivamente al Corso di Laurea in Lingue e Culture Straniere dell'Università degli Studi di Salerno, studiando inglese e spagnolo. Nel 2017 consegue il titolo di laurea triennale con una tesi in letteratura inglese sull'analisi del genere distopico, in particolare nei romanzi *Animal Farm* e *1984* di George Orwell. La sua predilezione per la letteratura e l'avvicinarsi al mondo della traduzione la spinge ad iscriversi al corso di laurea magistrale in Letterature e Traduzione Letteraria nel 2018, presso l'Università degli Studi di Salerno. Attualmente sta concludendo il suo percorso di laurea magistrale e partecipa a diverse attività e laboratori di traduzione, tra cui il progetto "Poeti d'Europa", organizzato dal Festival "Salerno Letteratura", nel giugno del 2019.

I TRADUTTORI

ALESSANDRO PINTO nasce a Salerno nel 1996. Dimostra da subito uno spiccato interesse per le lingue e le culture straniere, il teatro e la danza. Frequenta il Liceo Scientifico A. Genoino di Cava de' Tirreni, dove consegue il diploma nel 2015. Nello stesso anno si iscrive al corso di studi in Lingue e Culture Straniere presso l'Università degli Studi di Salerno, studiando inglese e tedesco. Nel 2018 consegue il titolo di laurea triennale con una tesi in letteratura inglese sul rapporto tra psicanalisi e letteratura nel romanzo *The Return of the Soldier* di Rebecca West. Si trasferisce in Inghilterra, dove studia prima alla University of Leicester nel 2017, e poi alla Loughborough University nel 2019, grazie al programma Erasmus+. Attualmente sta concludendo il percorso di Laurea Magistrale in Letteratura e Traduzione Letteraria, iniziato nel 2019 presso l'Università degli Studi di Salerno, e partecipa a diversi progetti e laboratori di traduzione, tra cui "Poeti d'Europa", organizzato dal Festival "Salerno Letteratura" nel giugno del 2019.

MARIAGRAZIA POPPITI nasce a Battipaglia, Salerno, nel 1995. Frequenta il Liceo Scientifico, Classico e Linguistico E. Medi di Battipaglia, Salerno, dal 2009 al 2014 conseguendo il diploma scientifico indirizzo P.N.I. Contemporaneamente agli studi scientifici, si dedica ai suoi interessi: lingue straniere, letteratura e arte. Si iscrive al corso di studi in Lingue e Culture Straniere presso l'Università degli Studi di Salerno. Nel 2017 consegue la laurea triennale in letteratura inglese con una tesi sulla caratterizzazione del personaggio nei romanzi *Night and Day* e *To the Lighthouse* di Virginia Woolf. Nel 2019 si trasferisce per studiare alla Loughborough University, Inghilterra, grazie al programma Erasmus+. Attualmente sta concludendo il percorso di laurea magistrale in Letterature e Traduzione Letteraria, iniziato nel 2018 presso l'Università degli Studi di Salerno. Nel 2019 prende parte alla rassegna "Poeti d'Europa" della VII edizione del Festival "Salerno Letteratura". Nel 2020 è ammessa alla Summer School "Tradurre la narrativa" presso l'Università degli Studi di Trento.

APPENDICE

An appreciation

by Carmine Giordano

In the dedication and preface to this new collection, poet John Eliot states that his translators are themselves also authors, and that in the process of translating his work they have become part not only of the poetry, but also of him.

To claim that his translators are also authors has great truth to it. As Eliot goes on to state, translating a work from one language to another is not merely the search for terms in a dictionary but also an understanding of what comprises the poetry, and in effect, rendering a recreation of it.

Poet and critic John Ciardi once wrote famously that since there is no way to transliterate word for exact word the original text with all its inherent depth, muscularity, locked-in history, and connotation, "what a translator tries for is the best possible failure."

In his brilliant analysis of poetry, *Why Poetry*, American poet Matthew Zapruder states that a poet's choice of words has to do with "the resonance of all the meanings the word has cumulated over thousands of years", and that the poet's ear is not merely attuned to sonic music, but also "to the music of ideas in words, the latent resonances, the ones always waiting in etymology, the pasts of words, our individual pasts, and our collective memory".

In this collection, four university students have brought the collective warmth and passion of their entire lives in southern Italy and the sonorous vowels and multi-syllabic gender-specific constructions and historical and personal resonances of their language to interpret and recreate the poetic recollections and sensibilities of an Englishman from Leicester expressed in the clipped sounds, monosyllabic and noninflected words and historical and personal

APPENDICE

resonances of his language ancestors, the Germanic bog people, the marauding Vikings and their Norman invaders.

As coined by TS Eliot, his famous namesake, John Eliot characteristically employs the objective correlative in his poems – sentences, phrases and word fragments which present a set of objects, a situation, a chain of events which collectively work to convey or effect particular emotions. In this collection, the field of emotions comprises the nostalgia of adolescent love, adjustments to the limitations of ageing, the regrets of unfulfilled relationships, nostalgic recollections of yester-moments with parents and relatives, empathic imaginings of English monarchs at their imprisonments or executions, aesthetic elations.

Mr Eliot has entrusted the translation of his poetry to four student graduates of the University of Salerno, Alessia Calabrese, Sara Pallante, Alessandro Pinto and Mariagrazia Poppiti who had previously translated some of his poems for a reading at the Festival di Salerno Letteretura in the summer of 2019. They, with a few other collaborators, produced this translation of forty of his poems.

Any reader of this volume will realize how attuned these translators are to the nuances of the poet's sensibility and how superbly they have captured the import of his poems. Their own studies of literature and the English language have well qualified them for this writing adventure. But one has also to consider their own unique life experiences and sensibilities and the differences inherent in the two languages to appreciate how, as Eliot proclaims, they are indeed authors in their own right of this collection.

Translators essentially become authors from the fact that they are using one language, their own, to represent a work written in another. They confirm their authorship further by frequently substituting for unfamiliar words, creating new metrical patterns,

APPENDICE

changing syntax, and even changing the sense of some lines These dynamics occur frequently in the Canzoni.

In reading the translations, one is continually mindful of the author's seminal East Midlands experiences with their weather extremes and ground frosts and those of the young man and women of the Campania with the sunny slopes of the Amalfi Coast. One might contrast pork pies, jacket potatoes, rabbit stews with lemons, olive oils, aubergines, chestnuts and mozzarellas. The author's experiential memory references necessarily suggest quite different ones to the translator.

The differences show up humorously when Eliot celebrates his mother's birthday with the tri-syllabic phrase "fizzy crisps" which show up for Alessandro Pinto as the septi-syllabic *croccanti patatine* as surely how his own mother must have made them. The broad latinate back vowels of the *patatine* even suggest a more savory experience than the clipped front vowel of the "crisps".

In another poem, while the poet recalls a sensual memory on a French beach with the anemic phrase, "the tan of your legs", the words of his translator surely convey the tone and heat better with his steamy *le tue gambe abbronzate*.

Transforming the line "wings/skirting hedgerows, searching for warmth" into *ali/che lambiscono siepi in cerca di calore*, the translator creates a new metrical pattern replete with alliteration and assonance not found in the original.

At another place, the sense of a line is changed when the original plea to some saints to hear the suppliant "as God would" is changed more powerfully to a direct divine supplication, *Ascoltami... oh Dio*.

Lightning described with the adjectival "yellow forked" by the author is changed in another line to the more startlingly action

APPENDICE

visual *fulmini si biforcano gialli* – "lighting forks into yellows."

Contrary to Ciardi's assessment, this translation is hardly "a best possible failure". The previous intimate involvement with the author's work during their workshop with him, the strenuous labour of understanding and supplying matching language to actualise the communication of the original text, and the use of original syntax, metrics and vocabulary to bring his work to Italian readers, allow them to claim this work to be their own as well as his.

As Eliot acknowledges, this collection is indeed a marvelously creative co-authored collaboration of poems filtering some common emotions and sensibilities through the nuances and resonances of differing cultures, attesting to the simultaneous similarities and differences of the human experience.

CARMINE GIORDANO is a poet, teacher and Fulbright scholar. He is an assistant editor of the online poem magazine *Abalone Moon* and author of five collections of poems. His website is *giordanopoems.com*.

www.ingramcontent.com/pod-product-compliance
Lightning Source LLC
Chambersburg PA
CBHW071310040426
42444CB00009B/1955